JN438311

길、바람 그리고 그리움

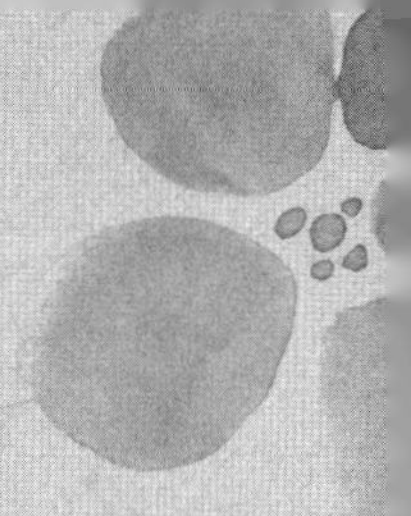

길, 바람 그리고 그리움

송윤성 제4시집

도서출판 천우

서문

푸른 하늘을 거닐며 우주 만물을 아우르는 자연 질서에 순응하며 여유로운 마음의 산책을 즐긴다거나 붉은 노을길을 홀로 거닐며 고적한 즐거움을 누리는 것이야말로 삶이 추구하는 참된 행복이라고 생각합니다。

영혼의 귀를 열고 마음의 소리를 들으며 상대와 공감하고 상대를 이해하면서 자연으로부터 내 자신으로 그리고 내면으로부터 타인으로 마음을 다하여 내가 너이고 네가 나이며 모두가 하나로 소통되는 세상을 이루어 나가는 것이 우리가 가야 할 이상의 길입니다。

길은 道도와 같은 것이며 삶의 지표이기도 합니다。

푸른 숲이 우거진 오솔길、굽이진 골목길、탄탄대로、살아가는 길、영욕의 세월 길、명암의 운명 길 등등。

여우도 고향을 그리워할 줄 알고 새도 애처롭게 울 줄 안다고 하였습니다。

그리움이라는 것은 禽獸금수에게도 그러한 것입니다。

우리는 연인을 그리워하기도 하고、추억을 그리워하기도 하고、떠나간 친구를 그리워하기도 하고、이별에 가슴 아파하기도 하면서 애써 허공에 마음을 던져보기도 합니다。바람은 가슴을 후비고 지나가는 사무치는 마음이며 魂혼과 仙선의 세계입니다。

줄기차게 관심을 기울여온 길 그리고 바람에 대한 사색의 공간을 채워보았습니다。그러나 미흡한 재주로 인하여 의도하는 바대로 다 구현되지는 않은 것 같습니다。

2017년 6월

송윤성

축사

김천우 시인 · 평론가 · (사)세계문인협회 이사장

천지간에 꽃 피고 자연예찬이 무르익어가는 때를 맞이하여 서정과 낭만을 노래하는 명품시인의 시집 발간은 무릉도원에 독자들을 초대하는 세상에서 가장 아름다운 선물이 아닌가 한다。 송윤성 시인은 종합문예지 월간 『문학세계』를 대표하는 명작가로 자리매김함은 물론、(사)세계문인협회의 임원으로 중추적인 역할을 하고 있으며 모든 문우님들께 공경받는 시인으로 깊이 뿌리를 내리고 있다。

시집 『길、바람 그리고 그리움』은 갈증 나는 삶의 꽃비、약비、단비 같은 시편들로 우리를 행복하게 한다。 세월의 물굽이를 흐르는 강물처럼 교교하게 풀어가는 시적화자의 수려한 심상이 천상의 연주자가 아닐까

할 정도로 언어의 빛깔을 수려하게 전해온다。한 편의 시에 작가의 마음이 고스란히 묻어나 있으며 감칠맛나는 시인만의 언어기법으로 독자들을 감동의 도가니 속으로 빠져들게 하여 농익어가는 중견시인의 인생 여정이 참으로 신비스럽게 느껴진다。오랫동안 낭만을 그리는 사람은 마침내 파아란 하늘을 닮아가듯이 가슴으로 써내려간 시인의 언어는 참으로 성스럽고 고혹적인 보석이라 칭하고 싶다。치자꽃 그윽한 편지 같은 시집 상재는 독자들에게 꽃길을 열어주는 영혼의 등불이 될 것이라 믿어 의심치 않는다。감미로운 시와 음악、사랑과 그리움이 젖어드는 송윤성 시인의 풍요로운 풀빛 언어를 만나보자。네 번째 시집 상재를 진심으로 축하드리며 만인에게 사랑받는 시인으로 거듭나길 소원하는 바이다。

축사

정선교 소설가 · 문학세계문인회 회장

전체적인 시작들이 그렇듯 세월 文友之情문우지정을 나눈 송윤성 시인은 참으로 길과 그리움의 시인이라 하겠습니다。 처음부터 지금까지 올곧은 겸양지덕의 자세와 필요 이상의 말을 아끼는 과묵한 성품과 꾸준한 습작에 이은 솔직 담백한 작품들이 이를 그대로 증명하고 있습니다。

너무나도 쉽게 읽히려는 짧은 詩作시작들이 만연한 세태임에도 자신만의 작품 세계를 구축하려는 송윤성 시인의 사심 없는 노력은、 진정한 시의 사람들만이 가야만 하는 시인의 행로를 제대로 보여주고 있습니다。 지성적 知覺지각보다 감성적 思惟사유가 더 많은 시인의 詩心시심은 그 처해 있는 위치와 환경에 따라 작품

성향에 크나큰 영향을 미치게 합니다。 너무 부유하여도 시가 되지 아니하고、 너무 빈곤하여도 시가 되지 아니하는 시인들만이 가진 고유영역에서의 초연함。 비록 넉넉하지는 아니하여도 큰 것을 바라지도 더 많은 것을 탐하지도 아니하는 시인의 초월한 삶의 노래가 전해지는 이번 시편들에서는、 묵언의 그리움의 시인 송윤성 시인의 소박함과 그 순수함을 고스란히 느껴보게 됩니다。

이번에 출간하는 송윤성 시인의 시집 『길、 바람 그리고 그리움』에는 과거의 회상과 현재의 이야기들이 시인의 시어처럼 적당한 침묵 또는 쉼표로 이어지고 있습니다。 시집 출간을 온 마음으로 축하드리며、 거침없는 문운과 무한한 成筆성필함을 함께 기원합니다。

축사

윤제철 시인·(사)세계문인협회 부이사장

송윤성 시인의 제4시집 『길、바람 그리고 그리움』 상재를 축하한다。

송윤성 시인은 〈서문〉에서 『참된 행복은 마음의 산책을 즐기며 고적한 즐거움을 누리는 것이고、이상의 길은 마음의 소리를 들으며 상대를 이해하면서 하나로 소통되는 것』이라고 말했다。 그의 시는 함축된 결과보다는 신축성 있는 과정을、그리고 의미보다는 현상에 중점을 두고 있다。 그의 시를 읽는 독자들이 시를 읽자마자 가슴에 스며드는 짜릿한 전율을 느끼는 이유는 삶의 현상들을 설명하지 않고 이미지화에 몰두한 까닭이다。

시집을 출간한다는 것은 마음의 집으로 시의 편수만큼

높은 층의 건물을 짓는 것이며、애지중지하는 사랑의 결정으로 낳는 자식과 같아서 출간을 앞두고 신생아실에서 기다리는 애비의 심정으로 제대로 생긴 몸을 가지고 태어난 것인지、세상에 나가 제구실을 할 수 있는 능력을 가지고 태어난 것인지、반가움과 우려로 마음이 조급해지는데、이는 시에 대한 열정을 버릴 수 없기 때문이다。

서로 소통하는 통로가 없는 각박한 사회에서 메마른 정서를 기름지게 만든 시집 출간을 축하하며 많은 독자들로부터 사랑받는 시집이 되기를 바란다。

제1부 길

제2부 개꿈

제3부 두견새 우는 밤

제4부 바람의 흔적

제5부 쌀밥 단상

제1부

길

길

가면 길이고 서면 숲이다

나뭇가지 사이로 山산이 보이고
구름 사이로 바다가 보인다

아침을 먹고
또 점심을 먹기 위하여
소처럼 열심히 일을 해야 하는 것이
우리가 가야 할 人生인생이라는
—그것은 개만도 못한 人生이라는

그 말에
서러운 짐승처럼 울고 서 있는
검은 大陸대륙의 아이들이 하는 말
『하이 참
무슨 말도 안 되는 말이야!』—

그림자 같은 몸과
바람 같은 마음으로
구름에 젖은 외로움 한 짐을 지고
굽이진 山봉우리를
말 없는 山과 마주 가고 있다

가면 길이고 서면 숲이다

아침

한줄기 바람이
帳幕장막을 흔들고 나서
醒瑾성근 별들은 나뭇가지 끝으로 멀어져가고
희미한 지저귐이 눈을 뜬다
한 발자국 또 한 발자국

맑은 하늘 푸른 바람
香氣향기로운 초록 그리움
大門대문을 열고 山을 넘고 바다를 건너
하늘 끝 宇宙우주를 向향하여
한 발자국 또 한 발자국

이마에는
正義정의와 勝利승리를 갈망하는 굵은 강물이
가슴에는
眞理진리와 사랑이 용솟는 뜨거운 숨결을 안고
한 발자국 또 한 발자국

두 번 다시 오지 않을 지금 이 瞬間순간
눈부신 햇살 속에서
가장 아름다운 너와 나를 생각하면서
드넓은 世上세상 해 솟는 그곳을 向하여
한 발자국 또 한 발자국

오거리 생선집

맑은 눈동자에 눈물이

돌고래 친구
눈 덮인 氷河빙하
北海島북해도 푸른 물이 눈 물 속에 출렁
鹽藏염장 속 쓰라림에 노랗게 물든 하늘
마파람 맞이하며
산호초 섬 徘徊배회하던
태평양 대서양이 왕소금 속에 스며

내가 네가 되고
네가 내가 되어

나는 바다에서 無限무한의 深海심해를
너는 食卓식탁에 앉아 서러운 비린내를

여인의 손에 방울이 진다
버리지 못할 약속 때문에
속살을 드러내야만 했던 그날
바람은 몹시 차가웠다

달도 지고 별도 지고
어둠도 사라지고
똑、똑、똑、
巡禮순례의 발자국은 시작되었다

수줍은 여인네의 손길이 바쁘다
있는 것은 있고 없는 것은 없다
오거리 생선집
예쁜 손 고운 마음 그 여인

순례

목숨 따위에 연연해 하지는 않는다
가끔은 救援구원의 손길도 내밀고 싶었지만
그럴 수는 없었다

고난과 가난을 바탕으로 하고서
한 발자국 또 한 발자국

하늘을 보았다
氣流기류에 몸을 말긴 채
바람을 가르며 높이 멀리 날았다

바다도 보았다
허기로 부른 배를 조각배 삼아

손으로 노를 저으며 너른 바다도 누벼 보았다

그러나 그건 모두가 꿈이었다

돈벌이에 나아가
몸에 상처가 나고
또 마음에도 상처가 나고

彷徨(방황)에 몸부림칠 때에도
나는 오로지 홀로였다

눈물 머금은 초저녁별을 벗 삼아
거친 숨결을 가다듬으며
나는 나를 찾아서 간다

홀로서 뚜벅 뚜벅 뚜벅
巡禮의 길을

산다는 것은

—밤낚시

1

희뿌연 안개구름
山자락을 휘어 감고
들풀마저도 숨을 죽이니
孤獨고독도 두려움이런가
물속에 드리워진 銀河水은하수 가슴속에
낚시를 드리우고 沒我몰아에 빠져드니
쏙독새 귀 울음은
소리 없는 時空시공을 떠나
길을……

안개 속 길을 찾아가는
나그네의 마음이어라

2

날이 저물어서야

낚시를 떠남은
물고기를 잡기 위함만은 아니다

설렘 가득 안고 낚싯대 드리운 채
마음을 조여도 보고 풀어도 보며
별이 잠들어 가는
하얀 달밤을
날아도 보고 흘러도 봄은

홀로……

소리 없는 소리에
귀 기울이는
나그네의 마음이어라

3

날이 밝아
저문 밤 던진 낚시 건져올리고
바늘 없는 낚시를 구름 위에 띄워놓고
虛空허공을 지나가는 낮달에게 물어보리

窓창 밖에 내리는 눈은
어디에서 왔다가
어디로 가는 건가

人生……
어둠 속 헤매며
한 줄기 빛을 찾아
가고 또 가는
외로운 나그네의 발길이어라

4

기다림이 있고
또 떠남이 있는 법
길을 잃어버린 지는 오래되었고
옷을 벗어 던진 지도 오래되었다
누구의 부름도 들리지 않는
갈대꽃만 무성히 나부끼는 곳
강과 산은 그대로 두고

멀리……

아주 멀리
목련꽃 피는
따뜻한 봄을 찾아가는
외로운 나그네의 발길이어라

5

쓸쓸한 산방
流星유성은 어둠을 가로지르고
마음의 귀를 열어
지나온 痕迹흔적들을 되돌아본다

갖고야 말겠다던
서럽고 쓸쓸하던

그 기억들을 벗어버리고

이제……
이제는
더도 덜도 없는 마음으로
그저 바라만 보는
떠도는 나그네의 발길이어라

6

가고 가고 또 가는
忍苦인고의 세월
길가의 하얀 망초꽃이 서럽다
어제 그리고 오늘
거친 숨결 허덕이며

맨발로 달음질쳐 여기에서 있다

宿命숙명처럼 그렇게
朔風삭풍이 불어오면
바람의 혼이 되어
왔던 길로 다시 돌아가리라

아침 안개처럼
그렇게 내려와
채움에서 비움으로 끝나고 마는 것을

나그네

달리는 혜성
댓잎에 스산히 부서지는 바람
자꾸만 거칠게 흔들리는 하늘
어디를 向하여 가고 있는가

이리 가든
저리 가든
우리 가는 곳은
바로 가면 안개 속 벼랑
某(모)로 가면 굽이진 먼 길
길에서 길을 만나

손에 손잡고

골목 끝 겨울 집 香氣를 찾아
눈빛 머무는 꼭대기에서
젖은 날개 위에 落葉낙엽 하나 올려놓고
빛바랜 追憶추억을 말없이 바라본다

말없는 山은 나무 따라 올곧고
발없는 江은 배 따라 굽었다
강 따라 가는 산은 바다에서 만나고
산 따라 가는 강도 바다에서 만난다

가는 대로 따라 가고
오는 대로 맞이하며
어쩌다 가끔은
사무치게 그리운 임

눈앞에 마주 세워 보고 또 보며
길에서 길을 만나 손에 손잡고
無限무한의 어둠을 날고 달린다

시린 빈 가슴은
그대로인데
窓창 밖에 다가오는 새벽 물소리

길에 기대어

파란 하늘은 둑으로 이어지고
井邑川의 白鷺백로는 하늘로 난다
나그네는 길에 기대어 세상을 향한다

해는 夕陽석양으로 기울고
갈대 나부끼는 강변길에는
찬 바람소리가 요란하게 춤을 춘다

이제 생각은 얽히고설켜
이것이 저것인가
저 길이 그 길인가 알 수 없지만

그래도 간직한 그 한 생각으로
너를 위하여 끝까지 간다
달빛 따라서 끝까지 간다

가을 길

벽시계에 마음을 蹂躪유린당한 채
성급히 빠져나와 기차 디딤판을 오른다

너와 내가 가는 이 길에서
네가 더 빨리 가주기를 바라며
흘기는 불빛 속에
나를 잊고 너에게 기대어 섰다

無意識무의식의 시간이 지나고
그 누군가 어김없이 새벽을 몰고 오면
너의 뜻대로 가야만 했던 그 길은 멈추고
나의 힘으로 가야 하는 江山이 있으리다

거친 입김
말없이 푸른 하늘
타오르는 그대
떠오르는 달빛 선녀

그렇고 그런 속에
웃고 즐기며
너도 가고 나도 가는
이 외로운 가을 길

차각 차각 차각 터벅 터벅 터벅

웃음

껄 껄 껄
느 낌 없는 표정으로
실없는 황소 웃음을 짓는다
그렇다고 비웃는 것은 아닙니다
당신도 아시잖아요
내면 깊이 흐르는
고통과 슬픔을 이겨낸
絶望절망과 挫折좌절이 昇華승화한 그런 웃음
잔인한 熱情열정
蒼白창백한 아름다움

깊게 파인 골짜기에 더해가는 痛症통증
밥은 밥일 뿐이에요

귀를 찢는 騷音소음
달콤한 속삭임
굽이굽이 돌아 나오는

소리 없이 흐르는
그 웃음
껄 껄 껄

푸른 소나무

애써 눈을 감고 밖을 바라본다

그 무엇인가를 먹고 있는 나는 살아 있음이며
먹이가 되는 너는 지금 목숨이 끊긴 것이다
부른 배를 움켜쥔
허세비처럼 비어버린 가슴속에
불끈 치솟는 한 줄기 굵은 핏줄기
삶—苦行고행 犧牲희생 그리고 비움
바람이 불고 눈비 오는 그 길을
머슴 소처럼 말없이 따라서 간다

달라붙을 듯 끌리는 두 다리
쩔쩔매면서도 구걸하지는 않는다

나는 아직 사라지지 않았다

흐트러진 머릿결을 치켜올리고
새벽처럼 깨어나
살아 있는 살점을 깨물어 본다

벼랑에 기대어
언제나 혼자이면서도
마음이 푸른 소나무를 생각하며

날갯짓

멈추는 일이란 없다
바람 속에서도 그렇고
꿈속에서도 멈추지 못한다
노래도 부르지 못하고
울지도 못한다

두 날갯짓을 멈추지는 못한다

한 번 날아오른 우리는 날아야 한다
쉼 없이 날아야 한다

날갯짓을 멈출 수는 없다

삶이 그러하듯이
彼岸피안의 언덕에 닿을 때까지
우리는 날갯짓을 멈출 수가 없다

지금은

이를테면

어짊과 義(의)로움을 寶物(보물)처럼 여기고
깨달은 눈으로 모든 사물을 平等(평등)하게 바라보며
富者(부자)가 만족하는 世上(세상)이기보다는
가난한 자가 便安(편안)한 世上이기를 바라며

權力(권력)과 富貴(부귀) 따위에 아랑곳하지 않고
名譽(명예)와 利慾(이욕)을 尊重(존중)하지 않으며
危險(위험)한 일을 便安(편안)히 여기고
괴로운 일을 달게 받아들이며

발길 가는 곳마다 가시덤불이며
춥고 배고픈 苦痛고통조차도 免면하기가 힘든 慘憺참담한
　現實현실에서도
誠實성실하고 志操지조가 굳어 忠節충절을 위해서는
죽음도 마다하지 않고
損益손익 不聞불문 죽을 때 죽더라도
두려워하거나 心弱심약한 사람은 되지 않아야

올바른 선비이며 도리라고 하시던
어질고 바른 그 스승님들은
모두 다 어디로 가시었나요?

사람이 지켜야 할 바른 道理와는 저만치 멀고
항상 어디로 갈까 망설이며
名譽와 利慾에 안달하며
권력에 아부하며 사악에 부합하는 속성을

아침부터 저녁까지 한시도 놓지 않고
이를 기회이며 능력 따위라 여기며
世上을 嘲弄조롱하는 오늘을 보면
失望실망과 서운한 마음에
속이 뒤집히고 成火성화가 난다

해가 외로이 산마루를 붉게 물들이고
달이 소리 없이 凄凉처량한 빛을 뿌리며
바람이 슬프게 울고
날이 저물어 어둠이 밀려오는
참으로 荒凉황량하고 쓸쓸한 지금

지금
지금은
내일을 기다리는 쓸쓸한 忍耐인내입니다

제2부

개꿈

개꿈

—잠꼬대

해그림자 드리워진 午後오후
배부른 강아지
배때기를 드러내고 잠꼬대를 한다
앵、깨갱、
흥~、흥흥、
범을?
저승길을?

진종일 개울 물고기와 놀이를 하던 녀석
해거름 녘이 되어 지친 몸으로
콧물을 흘리며
身熱신열에 시달리며 하는 잠꼬대 소리

어~~~~~!、 안돼~~!、
음~~~~~!、 끔찔!
끝없는 空中공중으로?
천 길 벼랑으로?

지친 몸 누이고 꿈에서나마

살찐 돼지를 통째로 구워!
예쁜 여인과 사랑을?
5만원 권 紙幣지폐를 방 안에 가득!
선거판에서 이겨 거들먹?
크흐응、 크킁、
흥~、 흐흐흥、

『어른이 흉하게 개꿈이 뭐야』
—아내의 그 말—

놀란 눈 어지러이 뜨려다
脈맥없이 얼굴을 내려놓는다
저승이건 벼랑이건 두려울 게 없건만
아내의 그 말에는 쑥스러운 마음뿐

발자국

나는 누구이고 너는 누구라던가
구겨진 紙幣지폐 몇 장을 만지작거리며
都市도시의 거리에서 휘청거린다
쓰디쓴 깡소주를 마시기 위해 사는지
살기 위해서 마시는지
幸福행복에 몸부림치며
느슨한 햇살에 微笑미소를 토하는 石佛석불을 그리워한다
가는 것은 무엇이며
남는 것이 누구라던가

모두가 다 그렇고 그런 속에
무수히 오고 가는 발자국
太初태초의 順理순리는 어디로 흘러가는가

呻吟신음 소리가 사그라지고
虛空허공에 허투루 맴을 그리면
沈默침묵은 가슴을 할퀴어 구름으로 피어난다

꿈은 꽃을 갈구하고
나그네는 바람에 흔들거린다

오고 가는 것
時間이 지나고
노을에 박힌 발자국들

우리에게 필요한 것은 무엇이던가

뒷장에 숨겨진 정답표、
그리고 지우개
또 새로운 시작

쉬파리

된장을 사이에 두고
쉬파리는 끼어들려고만 하고
아내는 막아내려고만 하고

人事發令을 원하는 것은 아니지만
만약에 한다면
여름에는 하지 않았으면 좋겠다

쉬파리가
된장을 좋아하는 것은 사실이지만
그게 쉬파리에게 전부는 아닐 것이다

부지런한 아내가 된장을 지키는 한
쉬파리에게 된장은 없다
아니 된장에 쉬파리는 없다

가을 내음이 들려온다
쉬파리도 아내도
된장에서 눈을 뗄 때는 시간이 늘어간다
쉬파리에게 된장을 빼앗기지 않았으면 좋겠다

자화상

정수리 까치머리 痕迹흔적도 없고
내 川字 깊은 골
소리 없는 苦惱고뇌
제 무게도 못 이긴 채
실눈으로 먼 바다만 바라본다
가난과 쓸쓸함도 잊어버리고
산새 노랫소리 따라 부르며
마른 잎새 위에 그리는 그림
갈 길은 멀고 배는 고프다
數수많은 생각이 머물다 간

낡은 게시판
서럽게 물든 한 장의 그림이
고추장에 마른밥 한 수저를
꾸역꾸역 넘기고 있다

그 꿈
이룰 수 있다고 생각했지만
나도 속았고 너도 속았다
가는 길은 끝이 없고
우리는 그 꿈을 완성할 수 없는 것을

사슴

山을 넘고
바다를 건너
그리움을 찾아서 간다
타오르는 바람기둥을 부여잡고

사슴이 되어
낮에는 길을 따라
어둠이 깃들면 갈 길을 찾아
외로움 그리움을 뚝뚝 흘리면서

어젯밤 꿈에
大師대사 님들이 호텔에 모여

술、담배、화투놀이로
世上을 한 번 크게 웃겼다

가면 오고
오면 또 간다
웃긴 자는 울고
우는 자는 웃으며 간다

사슴
한 마리 사슴이 되어
웃긴 자가 또 웃고
우는 자가 또 울지는 않는
그 길을 山을 넘고 바다를 건너며 간다

내장산 용굴

그리움에 떨고 있는 단풍잎 소리
孤遙고요 속에 寂寞적막 깃든 호젓한 동굴
내장산 용굴은 그때도 그랬지만 지금도 그렇다
바람처럼 定處정처 없이 흔들리는 나라의 運命운명
임금은 의주로 避亂피란 길에 오르고
全州전주 史庫사고 太祖태조 御眞어진 朝鮮王朝實錄조선왕
조실록은 어찌할거나
權力권력도 名譽명예도 바라지 않았지만
선비라는 이유로 목숨 따위는 잊은 지 오래였다
달구지에 싣고 지게에 지고 가슴에 안고

山을 넘고 물을 건너 100리 길을 지나
天下名山 내장산에 몸을 부렸다
秘密비밀을 아는 者는 푸른 하늘 빈 虛空허공이 전부였고
솔바람과 山새가 밤을 지새우며 보초를 섰다

歲月세월을 건너고 건너 지금에 이르렀지만

꿈같은 만남 그날의 追憶추억에
아직도 숨죽이며 파르르 떨고 있는 단풍잎을
흐뭇한 마음으로 바라보는 이 마음

그리움

하얀 겨울밤 잠 못 이루는 것은
설레는 마음으로
당신을 기다리던 외로움 때문입니다

초록비가 내리는 날이면
자꾸만 떠오르는 당신 모습은
가슴속 깊이 사무친 그리움 때문입니다

꽃비가 흩날리는 날
만날 수 없는 그 사랑을 자꾸만 생각하는 것은
샛노란 외로움이 피어나기 때문입니다

가슴속 어느 곳에 숨어 있다가
문득 내 마음을 흔드는 것은
파란 빛깔의 그리움이라는 것이겠지요

이토록 동그랗게 생각나는 것이
오직 당신 생각뿐이라면
아직도 그리움은 자꾸만 쌓여가는 것이겠지요

하염없이
하염없이 기다려야 하는 외로움
푸른 두려움이 붉은 그리움으로 물들어 갑니다

그리운 내장산

바람이 불어오는 그리운 날
단풍 든 내장산이 내 마음에 어리네

서래봉 奇巖絶壁(기암절벽) 애기 단풍 붉은 손
오순도순 딸각딸각 多情(다정)스런 사랑의 길

연분홍 그리움이 불출봉에 물들면
신선봉 파랑새는 그리운 가슴 안고 하늘을 난다

부질없는 시름들은 一株門에 매어놓고
그리운 그 사람을 소리 내어 불러보자
오색빛 단풍 향기 뜨겁게 내 가슴을 적시네

그리움이 밀려오는 외로운 날에는
눈 덮인 내장산이 내 마음에 어리네

바람 불고 눈 날리는 굽이진 산길
그대 모습 동그랗게 떠오르는 우화정

새하얀 외로움이 불출봉에 서리면
금선계곡 여울물은 외로운 가슴 안고 바다로 간다

부질없는 시름들은 一株門에 매어놓고
그리운 그 사람을 소리 내어 불러보자
五色빛 丹楓 香氣 뜨겁게 내 가슴을 적시네

창밖을 보며

해묵은 歲月 앞에는
모두가 다 소용없는 일들

수십 년 노력에 남은 痕迹흔적도
티끌만 한 한 점에 불과할 뿐이라네

혼자서 외로이 窓밖을 보며
흔들리는 마음을 추슬러 봅니다

그래도 우리가 幸福한 것은
밤이 지나고 새벽이 오면

아내와 함께 아침을 먹고
여는 門도 없고 닫히는 門도 없는
忠武公園충무공원 오솔길을 푸른 마음으로 逍遙소요하면서

아이들 才弄재롱 생각에
스치는 微笑미소를 그려보는 일은
참으로 幸福한 즐거움입니다

가뭄

천둥 벼락은 언제 치려나

논바닥 갈라지는 소리가
가슴속에서 搖動요동을 치고

여울물 바닥 드러나
꽃 가슴으로 물고기 울음 우는 밤

천둥 번개는 언제 치려나

땀에 젖어 끈적거리는 때 묻은 거리
펄펄 끓어오르는 벌건 들판

기나긴 기다림

낮 뜨거운 바람
소용돌이치는 언덕

천둥 번개는 언제 치려나

時節시절 따라 소리 없이 잘도 내리던 눈비가
지금은 아니라며 손사래를 친다

恨한 맺힌 가슴속
바람소리도 서러운데
비마저도 心思심사를 후비는구나

이팝나무길

더불어 웃고 있는 香향 짙은 이팝나무길
코끝을 촉촉이 적시는 이른 아침

정읍 산내、임실 강진、순창 동계를 지나
남원의 전북공무원교육원에 가서
재미있는 춘향가 한 小節소절을 배우고

늦은 오후 시간 섬진강 줄기를 따라
물 바람소리 들으며 화개장터에 가서
부드럽고 향긋한 綠茶녹차를 마시며
녹차를 마시는 것보다도
예쁜 언니를 만나는 일을 더 즐기며

웃고 즐기는 幸福과 아름다움만 있었으면 좋겠다
슬픔도 서러움도 괴로움도 없는

春香 모습의 서러운 광대들이 아른거린다
춘향 그네도 타보고 오작교를 건너 광한루에도 올라본다
나는 지금 茅亭모정에서 춘향과 백년 對談대담을 나누며

선비들이 情談정담을 나누었던 곳이라지!
구례 화엄사와 산동 밤재를 지나 당도한 남원 광한루

소래 1개를 구입하였다
그리고 나서 봉건 작가의 다관 1점과 도자기 물고기 3마리

綠茶녹차의 生産생산 消費소비 實態실태 및 展望전망
다기명인 신정희 일가와 문경다기에 대한 소견
—작년 11월 화개장터 화재사건
언니에게 장터 이야기를 신나게 듣는다

너 자신을 알라

『너 自身자신을 알라』
그게 나에게 하는 말은 아니겠지

그리스 아폴론 신전 벽에 기록되어 있다는
알다가도 모를 이 말

알 것도 같고 모를 것도 같은 言語언어

너의 無智무지를 알고
너무 지나치지 말라는 말이겠지

스스로 長點장점과 아름다움을 알라는 거겠지

肉體육체를 가진 우리는
기쁨과 슬픔 고통과 죽음으로부터 벗어날 수 없으며
人間의 知慧지혜는 신의 지혜에 미치지 못한다는 사실
을 알라는 거겠지

이 말은
生과 死의 使命사명을 修行수행하는 우리에게 던진
또 하나의 孤遙고요하고 쓸쓸한 課題과제가 분명하다

어떻게 풀어야 하려나!

나 또한 너와 같이
生과 物 사이를 넘나드는 物體물체로서
가고 쉬고 흐르고 멈추리다

너에게 드리는 나의 한 말씀

『너 또한 너 자신을 알아야 하리라』

인연

楚초나라 屈原굴원은
멱라강에 몸을 던져 義의로움을 알렸고
고죽국 백이 숙제는
수양산에서 고사리 꺾어 淸節청절 지사가 되었다
고려의 정몽주는
선죽교에서 철퇴를 맞아 忠臣충신이 되었고
朝鮮조선의 조광조는
死藥사약을 받아 明賢명현이 되었다
貪官汚吏탐관오리 들끓을 때
甲午年갑오년 農民농민은 혁명가가 되었고
서슬 퍼런 군부독재에

총칼 앞의 學生학생들은 民主민주 鬪士투사가 되었다
歷史역사는 그렇게 사연을 간직하고
여기까지 와 있다
한때는 힘이 들어도
할 수 있다는 그 마음과
이 길이 바른길이라는 그 생각에
우리는 서로 幸福했었지
여보게 이제
너는 지금 名譽명예를 지키고
나는 良心양심을 지킨다
너와의 만남은
因緣인연이었고 幸福이었으며 서로를 위하는 마음이었다

여울

겨울이 능선을 가까스로 스쳐 넘어가고 나서
천왕봉 구상나무 위 구름이 이슬 되어
千年 이끼 덮인 바위들을 타고
노래를 부르며 봄놀이에 나선다

노랫말이

『지난겨울의
아침 햇살은 燦然(찬연)하였고
夕陽(석양) 노을은 恍惚(황홀)했노라

토끼는 눈 속에서 꽃 따먹던 꿈을 꾸고

산새는 바람소리로 노래를 연습하였고
재석봉 주목은 안개 속에서 香을 더하고
연하봉 진달래는 서릿발 빛깔로 색을 더했다

바람 불고 눈 오는 거친 날씨 속에서
眞率진솔한 마음으로 하루의 無事무사를 고마워하며
화려한 내일의 꿈을 위하여 참고 또 참아냈노라

하늘에서 들려오는 울림을
淑明숙명으로 섬기며
그 길을 따라 웃으면서 가겠노라』

지나가던 나그네 바위에 앉아
여울물과 노랫소리 주고받으며
지나온 험한 일들을 되돌아봅니다

돌탑

돌 하나를
손등 위에다 놓고
가슴 위에다 놓고
마음 위에다 놓으면서 돌탑을 쌓는다

하나를 놓고
하느님께
부처님께
天地神明천지신명께
祈願기원하면서 돌탑을 쌓는다

해가 뜨는 아침을 맞으면

내가 자랑스럽고
내 이웃이 자랑스럽고
모두가 기쁨이 넘치는 세상
希望(희망)과 웃음이 가슴 가득한 세상
되게 하여 달라고 기원하면서
하나
둘
셋
돌탑을 쌓는다

인연 순환

民主(민주)가 뭐냐구요?
지금처럼 自由(자유)로운 세상
君主(군주)、獨裁(독재)는 統治(통치)에 順從(순종)하여야 하는 세
상이랍니다

천안 전씨 그 사람은
조상 대대로 정읍 고부에서 뿌리를 내리고 살았습니다
그러다가 1894년 고부에서 동학혁명이 일어났으며
그 혁명에 전봉준이 앞장섰고
천안 전씨들은 적극 가담하였다

그리고 나서 동학혁명이 실패한 후
천안 전씨들은 報復(보복)이 두려워
섬진강을 건너 경상도 합천 산골로 도망을 갔다
그렇게 피신하여 대를 이어 살다가
1979년 10。26。 部下(부하)의 총질로 인해 대통령
이 암살당하니
그 사람이 계엄사령관이 되어
그해 12월 12일 최전선의 탱크와 장갑차를 뒤로 돌려
서울을 점령하고 군 통수권과 행정권 등 나라의 권력
을 장악하였고
이듬해에 이에 항의하며 민주화를 부르짖던 시민에게
특전사를 武裝(무장)시켜 발포 鎭壓(진압)토록 하여 많은 사
람을 죽게 하였으며
또다시 탱크와 장갑차 동원하여 전국에 들끓던 민주화

의 열망을 진압하고
대한민국 제5공화국 대통령이 되어 나라를 통치하였다

그러고 나서
동학군의 첫 전승지인 정읍 황토현에 동학혁명기념관
을 짓고
그 앞에 정화기념비를 세우고
그 기념비에 천안 전씨 이름을 새기니
그 이름이 못과 동전 돌멩이로 긁혀 수난을 당하고 있다

민족 민주화운동의 선봉에 섰던 그의 조상들
민주화운동의 彈壓(탄압)자로 指彈(지탄)을 받는 그 이름

因緣(인연)의 循環(순환) 고리가 계속된다면
그의 자손들은 다시 약자가 되어
정의를 부르짖는 우리의 先鋒(선봉)에 서게 되지 않을까

제3부

두견새 우는 밤

두견새 우는 밤

꽃이 지고
잎이 피는
여름의 길목에 서서
금빛 달을 바라보며

가슴으로 뚝뚝 흘리는
구슬픈 두견새 노랫소리를
슬프지 않게 듣는 밤입니다

하얀 밤
傳說전설로 내려오는
사랑과 眞實진실을
가슴으로 전하고 있습니다
귀촉도、 귀촉도

꽃을 가꾸며

담장 너머에는
살구를 심고
담장 안에는
장미를 심고

뜰 안에는
봉숭아를 심어

아름답고 곱게 피어나는데
앞산 모퉁이에 상큼 淸楚청초한 진달래가
더 좋아 보이는 것은
무슨 마음이란 말인가

한가로운 시간

푸른빛은 조금씩 더해가고
낮에는 꽃을 심다가
비오면 桃花도화 핀 窓가에서 노래를 부르다가
밤이면 따뜻한 온돌방에 누워 책을 읽는다

夕陽녘
山산마루에 부서지는 해를 보면서
이 봄도 그렇게 흘려보낸다

그 누가 이보다 한가롭던가

꽃피고 새 우는 새로운 이 봄

너의 봄과 나의 봄이 하나이지만
그 봄이 이 봄만은 못하오리다
이런저런 興味흥미롭던 꿈같은 일들
그 누가 내 마음속 알아주리오

소리

자동차 警笛경적 소리
아내의 잔소리
선거 遊說유세 소리
호들갑스럽게 짖는 개소리
자랑하며 뽐내는 功致辭공치사 소리
지겨운 소리

쿵 하면 매주 떨어지는 소리
척 하면 호박 떨어지는 소리
소리 이야기

산새소리

여울물소리
바람소리
아름다운 소리

쨍하고 해 뜨는 소리
바라는 소리

오두막

푸른 봄
화사한 꽃잎 위에 쌓이는
흰 눈이 야속하다

거친 회오리바람에
자지러지고 마는
수많은 꿈들은
이제 지고 말았습니다

그래도
오두막에는
따뜻한 溫氣온기가 가득합니다

장단

낙엽을 모아 다발을 지어
고작 받친 지게에 짊어지고 山산길을 간다

나는 갈퀴를 들고 지게를 따른다

일곱 살배기 아들에게는
갈퀴 들고 가는 것도 벅차다

나뭇짐을 짊어진 아버지가 부르던 소리

그 소리를 지금 내가 부르고 있다

(중중모리)

그때여 도련님과 춘향이 사랑가로 노니는디
사랑 사아랑 내 사랑 이야아—
어허 둥 두- 웅、 내 사랑-이지
이히리 보아도 내 사라-앙 저어리 보아도 내 사랑
우리 둘이 사랑타가 생사가 하-아니이 되여어
한번 아차 주거- 어지며-언 너에 혼은- 꼬-오치이 되
고오
나에 넋은- 나아비 되어 이삼월 추운푸우-웅 시여어
니꽃 송이를 내에가 아너어 두날 개를 쩍-버어얼 리이
고오-오
너울 너-우울 춤 추우-거어든 니가 날이인 주러얼 알
려므나

산책길에서 부르고
콧노래로 부르고
출퇴근길에서도 부르고
휘파람 소리로도 부른다

산중의 봄

山中에 殘雪잔설
봄이라고도 하고
아니라고도 하고
잃어버린 봄
자욱한 안개 보슬비 내리고
복숭아꽃 살구꽃 화사하였지
봄인 듯 조심스레
피워보는 매화는
짓궂은 눈보라에 어찌하란 말인가

핀 듯 만 듯 지고 나니
季節계절도 無色무색하고
고운 목청 가다듬는
山산새도 어색하네

오는 듯 마는 듯 스쳐 가는 봄
반달눈썹 맑은 볼
甘味감미로운 목소리
그리운 그 사람은 올 수나 있으려나

푸른 물 출렁출렁

—세월호 사고 애도가

푸른 물 출렁출렁 음 음 음 음—
간다— 간다~
떠—나 간다~

아 하아 아으 하아 으아—

이내 몸은 떠—나 간다
엄—마야~ 아—빠—야~
정든 세상 음 음 음 음—
저 하늘로 나는 간다

아 하아 아으 하아 으아—

푸른 하늘 나—비처럼

훨훨 날아서~
천상으로 돌아간다
멀―리 멀리― 나는 간다
아 하아 아으 하아 으아―

푸른 물 넘실넘실
잘 있거라~
저 하늘로 돌아가서
삼백 星狀성상 되어 서리
밤하늘을 밝히오리
아 하아 아으 하아 으아―

이별

나에게는 그것이 해당 없는 일인 줄 알았는데

떠나는 것이
하늘의 理致이치를 이루는 것이라 해도
시작하고 끝맺는 것이
하나의 기약이라고 해도
그것이 모두 한날 꿈일 뿐이라고 해도
未練미련 없이 훌훌 떠나는
이별은 가슴을 쥐어짜는 아픔이었습니다

삶、

그것이 아무것도 아니라 해도
그것이 하나의 冒險모험일 뿐이라 해도
그 길이 그침으로서 완성되는 恩惠은혜라 해도
그 離別이별의 아픔은 강물처럼 흐르는 苦痛고통이었습
니다

人生
가쁜 숨결로 바라보는 외로움
목이 메어 흐느끼는 그리움
永劫영겁을 反復반복하는
이 苦痛고통의 法則법칙이
나에게는 스쳐 지나는 길이 되게 할 수는 없을까

북

세워 놓고 치고
눕혀 놓고 때리고
앞에서 치고
뒤로 돌아 때리고

이놈이 치고
저년이 때리고
땀을 뻘뻘 흘리며 치고
놀아가며 때리고

치고 또 때리고
내 가슴 피멍울이 너의 기쁨이고

내 서러움이 너의 幸福행복이라면
북은 괜찮다

腹脹복창이 터지게
치고 또 때려도 괜찮다
북은 괜찮다

어리연

너울거리는 여름
정읍천 사금보의 노오란 어리연들
水面수면에 올라 밝게 웃고 있다

굳세지 않은 너의 몸체가
물결에 출렁거리면
나는 生命생명의 눈으로 너를 바라본다

비친 하늘 위에
고운 빛깔로 수 놓은 입체화
물고기가 몰려오고
白鷺백로가 다가오고

農夫농부도 다가온다
아름다운 風景풍경이
하나 또 하나 자꾸 더해간다

지금에서 다음으로

멀리서 하얀 배는 다가오고
가물거리는 비행기는 하늘을 스쳐 지나간다
그 누군가는 저들을 기다리는 사람도 있을 것이다

이렇게 오고 가듯 오늘이 간다

한껏 태워버린 太陽태양이
黃昏황혼빛 되어 뚝뚝 떨어진다

내일이 다가온다
알 수 없는 꿈이 다가온다

여기에서 저기로
지금에서 다음으로
歲月세월은 그렇게
그렇게 그렇게

거시기와 머시기

요즈음 나랏일들이 상당히 거시기 하다

北韓북한에서 원자폭탄과 最尖端최첨단 미사일을 거시기
하여

우리나라에서는 개성공단에서 머시기 하고

國際社會국제사회와 머시기 하여 거시기 하고

美軍미군의 사드를 거시기 한다 하니

中國중국과 러시아가 머시기 하고

성주에 사드를 거시기 한다 하니

住民주민들이 전자파가 머시기 한다고 거시기 하고

북한의 肅清숙청 恐怖공포 政治정치를 거시기 하여
북한의 高位層고위층 幹部간부들이 머시기 하고
국회 청문회에서 野黨야당이 거시기를 머시기 하라 하니
與黨여당에서 머시기 한다 하고
거시기가 國政국정을 농단하였다고
國會국회에서 머시기를 거시기 하고
光化門광화문 廣場광장에서는 거시기들이 머시기를 거시
기 하라 하고
나랏일들이 솔찬히 머시기 한 것 같다

포도시

무작정 車차를 몰고 西海岸서해안으로 달려
왕포를 한 바퀴 둘러보고
궁항 燈臺등대로 가는데
날씨가 어찌나 뜨겁던지
포도시 등대에 가서
사방을 둘러보니 참 멋있는 정경이다

새시로 차를 몰아
격포의 닭이봉 八角亭팔각정에 올라서니
조손 조손(朝鮮조선) 다 보이더라
시원한 바람을 맞으며
칠산 앞바다를 바라보니

10년 묵은 滯症체증이 다 내려가고
속이 뻥 뚫리고 후련하다

새만금 防潮堤방조제를 질주하여
신시 排水배수 閘門갑문을 지나 고군산 群島군도 무녀도를
둘러보고
食堂식당에 들러 한참을 기다렸다가
포도시 나지 밥을 먹었다

농소동장

동장 식탁에 와서
맨손으로 허겁지겁 음식을 집어먹는 노인에게
조금 더 드리고 싶었습니다

흩어진 가족이 보고 싶다며
가슴을 움켜쥐고 몸부림치는
힘없는 가장의 마음을 이해할 뿐입니다

성화를 부리시는 어른에게
좀 더 잘했어야 했다고 생각합니다

이유도 없는 당신의 그 재촉이
이제는 조금 덜 서운합니다

수줍어 말을 다하지 못하는 사람에게는
인정을 더해 드려야 한다는 것도 이제 알았습니다

제4부

바람의 흔적

그림자

窓 밖에는 솔 그림자
빈 마음에 잠 못 이루고
밖에 나가 앞마당을 노닌다

설렘보다도
그리움보다도
외로움과 쓸쓸함이 밀려온다

자꾸만 따라오는 달
술래놀이를 마음껏 즐기다가
문득

虛空에 매달린
동그란 그리움을 발견하고서

부드러운 그 느낌
소곤거리는 마음을 그릇에 담아
생각이 날 때마다 비추어 보렵니다

농악놀이

한 줄기 출렁임
몰아치는 천둥소리
개갱 개갱 갱 깨갱
가슴 저민 그리움
빗소리 되어
波長파장은 波長파장을 감싸고
아득히 먼 곳으로
呼吸호흡은 붉게 타올라 고개를 넘고 넘어

길 따라
벗 따라
외로움은 하늘로

서러움은 바다로
서리서리 덩더꿍、덩더꿍 덩더꿍、
앞으로 나가고 뒤로 무르고
으쓱으쓱 으쓱쓱、한 바퀴 휘감고

여기도 광대
저기도 광대
모두가 廣大광대 世上
하늘 아래 狂亂광란은 오간 데 없고
고운 학 한 마리만 虛空허공 속에 너울너울
덩기덩기 덩더꿍

바람

흩어진 超新星(초신성)으로부터
宇宙(우주)는 다시 시작되고

걸어서는 갈 수 없는
홀로 가는 길에서부터
우리는 또다시 시작한다

바람이 불고 江물이 흐르는
그 길을 따라
걷고 또 걷다가
기어이 사라지고 마는 저 달

쓰고 지우고
또 쓰고 지우는
길고 긴 對話대화 속의 한 줄기 빛살

宇宙는
時間과 힘에 依支의지한
苦行고행 犧牲희생 비움

삶 또한 그러하거늘
그렇게
그렇게
익어 가는 길목에서

바람에 몸을 기대어 본다

바람아 불어다오

바람아 불어다오
바람 바람 바람아 불어다오
꽃잎 끝에 맺힌 이슬방울을 흔들어다오
무엇이든 사랑하리다

예쁘다
억지를 부려도 그렇고
아무렇게나 말하여도 그렇고
생각만 하여도 예쁘다

즐겁다
보고 있어도 그렇고

보지 않아도 그렇고
생각만 하여도 즐겁다

고요하다
주르르 흐르는 밤 별이 그렇고
함박눈 내리는 길목이 그렇고
떠나버린 빈자리가 고요하다

바람아 불어다오
너의 그 부드러운 손길로
나의 외로운 꿈을 흔들어 주오
폭풍처럼 흔들어다오

봄 향기

봄바람이 부드럽게
大地(대지)의 볼을 어루만지면
길모퉁이의 梅花(매화)는
여미었던 가슴을 풀어헤치고

東山(동산)의 동박새는
興(흥)에 겨워 노래를 부른다

두견화는 왜 피어 心思(심사)를 흔들고
살구꽃 복숭아꽃 香氣(향기)는
또 어찌하란 말인가

봄

이 봄
호들갑스런 이 봄을
보슬비 흠뻑 뿌려
이제 그만하고 그치게 하여주오

오솔길

오솔길에 바람이 분다
외줄로 하늘만 바라보는 나무 끝에 바람이 분다

가진 것 없어도 넘본 적 없고
배부르지 않아도 구걸하지 않고
앞만 보며 가는 나에게도 바람이 분다

긴 겨울밤 소곤거리는 이야기 속에도 바람이 분다
길게 누워 있는 강물 위에도 바람이 흐른다
하늘을 나는 새의 날개 끝에서 바람이 분다

갈 길 바쁜 사람의 잠 못 이루는 밤

시린 가슴속에 바람이 분다
구름 속 달그림자에도 바람이 흐른다

예쁜 꽃봉오리를 스치고
꽃잎이 떨어지고 나서야 바람은 멈추었다

바람이 멈추고 나서 별이 하나씩 떨어진다
붉게 타오르는 불꽃이 아름답게 빛난다
하나씩 하나씩 별이 가슴에 안긴다

잎새 바람

마른 잎새 우는 소리를 들으며
바람을 생각한다

서러워서 더는 못 산다는
그러는 너도
이러는 나도
언젠가 바람은 코끝에서 멈추리다

굵은 눈발이
바람과 바람 사이를 흐를 때
너도 가고 나도 간다

그리울 것도
외로울 것도 없이
뽀드득뽀드득 발자국 소리를 내면서

기쁨도
슬픔도
모두 가지고
휘파람을 불면서
바람과 바람 사이를 따라서 간다

삘기 바람

바람

살랑살랑 하얀 꼬리

솜 덮인
푸른 들이 일렁인다

삘기 바람

草原초원 위에 기대어
짓이겨진 5월을 몸으로 吸收흡수한다

追憶추억의 바람이 불어온다
뻐꾸기 목청 높고
개구리 도움 뛴다

소나무 사이에 이는
얄궂은 바람

바람아 이제 그만
바람아 이제 그만 멈추어다오

바람길

지금
밥 한 그릇을 얻기 위해
밥보다도 더 많은 땀을 흘려야 한다면
나무를 끌어안아 보자
그리고 깊숙이 새겨 넣자
슬퍼도 미워하지 말고
困窮(곤궁)하여도 卑屈(비굴)하지는 말자고
섣달
모질게도 추운 밤

고픈 배 움켜쥐고 뜬눈으로 지샐 때에는
아름다운 노래를 부르며
넓은 바다를 보자

서러워도 드러내지 말고
비록 그렇더라도 억울해 하지도 말자고

바람길을 만들어 보자
두 팔 벌려 맞이할 바람길을 만들어 보자

부드러운 바람이 구름을 헤치고
傳說(전설)처럼 사뿐사뿐
神話(신화)로 다가오는 날이 있을 것이다

여행

떠나자
山 따라 오르고
江 따라 흘러 가자
山 그림자에 안겨보고
꽃 그림자 따라 흘러보자
가고 또 가보자
心臟심장이 거칠게 몸부림치던
아픈 성숙의 時間시간들
넓고 푸른 바다를 생각하며
멀리 홀로서 떠나가보자

그리움의 바람

바람이 분다
가고 있는 너는 멈추고
머물고 있는 나는 가야 하리다

부질없이 부는 바람
밤에 잠들고
고갯마루 자던 바람 꽃잎 날린다

노을빛 가물가물 스러져가고
채워도 채워도 채워지지 않는 밤
출렁이는 그리움이 밀려왔다 쓸려간다

바람이 분다
내 마음에 그리움의 바람이 분다

눈 [雪]

붉어야만 꽃이라더냐

하얀 눈이 내린다
어둠이 자꾸만 꿈틀거린다

길은 길이다
그 길이 나에게 주어진 길이라면
어금니를 깨물며 기꺼이 가겠노라

나와 땅과 하늘이 하얗게 물들어 깃발로 나부낀다
깊게 스며든 가슴
고이 간직한 숨결
두 주먹을 불끈 쥐어야 한다

하늘이여
하늘이시여
그저 맨몸으로 쓸어안고 있습니다

추워도 춥지 않은 시간
시간을 바라본다
밤 별들이 寶石보석처럼 반짝입니다

벼랑 위 虛空허공에 휘청대는 呻吟신음소리
차곡차곡 수를 더해 가면
힘겨운 무게가 쩍 하고 떨어집니다

한 무리의 꽃이 세상에 피어납니다

하얀 눈꽃이 되어
모든 것을 너에게 의지한 채
밤하늘에 고요히 나부끼고 있습니다

무엇이 되어

눈이 부신 아침
푸른 江山
그리고 너와 나
함께 가는 길

夕陽이 곱게 물들 때
우리는 무엇이 되어
저 하늘에 아름답게 빛날 수 있을까

위하는 마음

사랑합니다
꽃보다 아름다워요
당신이 하늘입니다
당신의 밥이 되겠습니다
당신의 머슴이 되겠습니다
邪心(사심)이 없고 아무런 報償(보상)도 바라지 않는
宇宙(우주)의 마음입니다
나 또한 宇宙를 닮고 싶습니다

신소리

모두 다 오셨나요?
아니오!
한 마리 더 올 것 같습니다
이건 술이 아니고 예술입니다
예술을 마십시다!
뭐!
예수를 마시자고?
술 못 먹는 놈은 사람도 아니여!

夕陽 녘

마음에 귀를 열고
지나온 길을 뒤돌아보면

배부른 빵
들려오는 노랫소리를 위안 삼아
離別이별과 서러움의 時間을 忘却망각할 수 있었을 뿐이다

인생…
정말 아무것도 아닌 것인가!
人生은 정말로 아무것도 아닌 것인가!

그대

저녁 바람이 불어오면
그대를 불러봅니다

그대를 기다리는 것은
꽃이 피고
낙엽이 지고
눈이 온 세상을 덮어도
항상 나의 전부이기 때문입니다

그믐 달빛 아래 외로이 서서
그대를 기다리는 것은
그리움 때문입니다

저무는 겨울 들녘
모진 바람이 세상을 휘감아 버려도

나는
너의 전부였기에
미소를 지으며 잠들 수 있습니다

뜨거운 가슴으로

성숙한 영혼
歲月이 가고 나면
나는 홀로 남아서
머언 燈臺등대 불빛을 바라보면서
나의 길을 기억해내야 합니다

가슴으로 뜨겁게
그 누구를 사랑할 수 있다면
삶은 기쁨입니다

불꽃같이 타오르는 가슴
파도가 치고 바람이 부는 세상

어떻게 사느냐구요
그냥 그렇게 사는 거지요
항상 뜨거운 가슴으로

목련꽃

눈부신 하얀 목련꽃이
봄에 맺어 봄에 피우더냐

忍苦인고의 時間을 간직하고서야
세상에 환하게 피어난다

지난여름부터 꽃눈을 만들어
털옷을 둘러쓰고서
겨울의 울음소리 차가운
서러운 바람이 가슴을 파고들 때
오드득 오드득 움츠러드는 오금을 쥐어짜며
봄의 꿈을 무척이나 그리워했지

그렇게 계절이 지나고
채워도 채워도 채워지지 않는 외로움으로
임을 向해 활짝 피어
사흘 동안만 금빛으로 사랑을 하고
가슴 가득 그리움 안고서 忽然홀연히 지고 만다
마치 우리 人生이 그러하듯이

사랑하는 사람이여

겨울의 끝에서는
파란 봄 화사한 꽃이 빛나고
沈默침묵과 외로움의 끝에서는
아름다운 꿈과 希望희망이 솟아나온다
그리움의 끝에서는
뜨거운 사랑의 숨결이 눈물방울로 반짝였지
아침 햇살처럼 빛나는 얼굴
신비롭고 香氣로운 그대의 속삭임
붉게 타오르는 情熱정열의 몸짓
사랑하는 사람이여

제5부

쌀밥 단상

쌀밥 단상

소쩍새가 유난히도 크게 울던 밤이 지나고

손님이 왔다
길을 지나가던 배고픈 손님이 왔다

깊숙이 숨겨 두었던 쌀을 꺼내어
가마솥에 솔가지 불을 살라 밥을 짓는다

어린아이의 눈에 흰 쌀밥이 꽂혔다
—엄마 나도 밥 줘!
—손님이 드시고 남기면 줄게!

밥을 먹는 굶주린 손님과
머언 발치에서 바라보는 어린아이
—엄마 밥 다 먹어 버렸어!

아이의 눈물 섞인 울음 한 자락이 터져 나왔다

어머니는 그날 청보리 밭에서
부항 든 배를 움켜쥔 채 풋보리잎을 뜯고 있었다

저녁 가마솥에는 풋대죽이
속절없이 보글보글 끓고 있었다

그 손님이 떠나간 뒤
아무런 일도 일어나지 않은 것에 幸福해하며
온 가족이 둘러앉아 꾸역꾸역 저녁을 넘기고 있다

생각의 길

바람이여
저들을 자유롭게 하지 마소서
힘을 가진 사람
權力(권력)을 가진 사람
더 富者(부자)가 되고자 利潤(이윤)을 追求(추구)하는 사람
저들의 勝者獨食(승자독식)을 容認(용인)하지 마시고
魔法(마법)의 그물을 씌워 묶어 두소서

바람이여
저들과 함께하게 하여 주소서
남에게 기쁨과 희망을 주고 도움을 줄 줄 아는
그리고 運命(운명)보다도 意志(의지)를 믿으며

가슴에 큰 希望희망을 가진 저들과
한마음이 되게 하여 주소서

바람이여
서로를 위로하고 격려하며
위기와 失敗실패를 넘어서
어둠 속에서도 빛나는 눈으로
미래를 열어가는 저들과
하나 되게 하여 주소서

박가네 집

朴家박가네 집에 난리가 났다
똥배 뽐내며 甲갑질을 즐기더니만

일하고 돈 버는 사람은 무시당하고
놀고먹는 사람이 큰소리치는 世上세상은
이제 그쳐야 한다고
朴家네 집 앞에서 올리는 촛불 祈禱기도 소리에
죄인 신세 되어 審判臺심판대에 올라섰네
그래도 할 말은 있다
누구나 그러하듯이

비선라인은 뜬소문이고
잘못보다는 잘한 일이 많다고

모두들 박가네 마당에 서서
마음을 모아
하늘과 땅에 소원을 말해보네

더함도 없이 바꿈도 없이
우리들의 소박한 꿈을 들어달라고

동백꽃

저녁 노을이 지고
동짓달 매서운 바람이 부는 날
하늘에서 내려온 붉고 푸른 마음이
소리 없는 그리움으로 언덕에 서서
몇 날 며칠을 달을 보면서
슬픈 가락으로 그렇게

꽃다발의 追憶추억을 記憶기억하면서
소박한 그리움으로 微笑미소 지으며
서러움에 웃고
기쁨에 울면서

바람 없어도
하나 둘 뚝 뚝 떨어져
그리움의 별이 되어 강물이 되어……

억새 바람

목마른 渴症갈증은 말라붙었다
虛無허무한 가슴을 드러내고

하얀 靈魂영혼은
낮게 더 낮게 꼬리를 흔들며
虛空허공을 바라보고

쇠바람은 거침없이 강변으로 치닫는다

뒤엉킨 갈피에
된바람이 파고들 때면

하얀 靈魂영혼은
애끓는 소리로 서글프게
낮은 더 낮은 자세로 여울을 그리워한다
바람아 억새 바람아
나는 너의 시련을 견디며 꿈속에 든다

인생 빚

빚을 짊어지고 成長성장하였고
빚 갚는 일을 忘却망각하고
또 빚을 지며 虛怯之怯허겁지겁 지나온 歲月세월

반백을 훨씬 넘기고
뒤안길로 물러설 즈음에서야
빚을 갚아야 할 일이 생각난다

때는 기울어
빚을 갚을 餘力여력은 없는데도
또 빚을 지며 지탱하는 삶

아무리 생각해봐도
턱을 괴고 앉아서 눈을 감아보아도
전생의 어리석음이 빚은 오늘의 구차함

빚이라는 苦行고행의 벗과 함께
보이지 않는 저 바다를 向하는 삶
數수많은 빚 속에서 헤매이지만
그래도 人生은 소중하고 高貴고귀한 것이여

조랑말

馬車마차와 興亡盛衰흥망성쇠를 함께하였습니다
끝없는 草原초원의 넓은 벌판에서
창칼 앞세우고 말달리기를 하여 본 記憶기억은
傳說전설처럼 가물거릴 뿐입니다
더러는 운 좋게 사람을 태워보기도 하지만
요즘 유행처럼 勝利승리를 위해 바람처럼 질주할 필요
는 없습니다
꼭 이기겠다는 생각이 필요 없는
여유로운 발걸음으로 公演場공연장에서 박수를 받기도
하지요

그런 만큼 밝은 내일은 보이지는 않지만
등에 무거운 짐을 올려야 하는 걱정도 없습니다

우리는 幸福합니다
재미있는 이야기와 傳說전설을 간직하고 있으니까요

급하거든 오히려 멀리 돌아가는 법입니다

아무도 바라봐주지 않지만
거친 숨을 몰아쉬며 피와 땀을 흘릴 수 있는
힘과 勇氣용기는 간직하고 있습니다

기러기

밤은 잊었다
夕陽 노을이 있어서 군무는 한층 더 장엄하였고
새벽 찬 바람이 있어서 소리는 더욱 가슴을 파고들었다

밤은 오래 전부터 있었다
지루한 긴 밤도
아쉬운 짧은 밤도
차갑고 매서운 칼바람은 몹시도 무서웠다

어둠의 그림자 속에서
눈물을 감추기 위해 웃어보는 것처럼
피리소리처럼 가냘픈 곡조의 노래를 부르며

할아버지와 아들과 孫女손녀를 생각하면서
정해진 順序순서에 맞추어
기러기는 世上세상을 孕胎잉태하였다

때론 푸르고
때론 별빛이 玲瓏영롱한 하늘은 그리워하는
짐승들을 생각하면서

바람의 언덕

나뭇잎에 흔들거리는 바람
바람이 차가웁게 다가온다
바람은 비탈을 지나고 능성이를 넘어
흰 구름이 되어 이름 모를 어느 오두막으로 스며든다

헝클어진 바람을 풀어야 한다

푸른 산은 하얀 눈으로 덮여
풍경에 정경을 더하고
어둠에서 태어나 어둠으로 사라지는
밤하늘의 별들이여

흙냄새 추억의 길을 걷고 있는 노인은
지금 어디로 가고 있는가
바람아
허공의 푸른 구름을 차마 지우지 말아다오
흐르는 빗길을 뚫고 지나가는
바람의 언덕에서 바람을 기다린다

함성 소리

모가지를 비틀어도 새벽은 온다더니만

진실은 진실이 아니었으니
창가를 붉게 물들이던 뜨거운 그 열정
차라리 목청을 뽑지 말았음이 좋았으련만

어둠의 물감을 세상에 엎질러 버리고 나면
새벽을 갈구하는
고고한 정신들이 분주하게 꿈틀거리거늘

밤이 대낮같이 밝게 피어오르는
100만 인의 함성 소리가 울려 퍼진다

광화문의 함성 소리는
공정한 사회
그리고 희망 가질 수 있는 세상이라고 한다

문학세계대표작가선 817

길, 바람 그리고 그리움

송윤성 제4시집

인쇄 1판 1쇄 2017년 6월 23일
발행 1판 1쇄 2017년 7월 1일

지 은 이 : 송윤성
펴 낸 이 : 김천우
펴 낸 곳 : 도서출판 천우
등 록 : 1992. 2. 15. 제1-1307호
주 소 : 서울시 성동구 무학봉28길 6 금용빌딩 2F
전 화 : 02)2298-7661
팩 스 : 02)2298-7665
http://www.moonhaknet.com
E-mail : chunwo@hanmail.net

© 송윤성, 2017.

값 10,000원

* 도서출판 천우와 저자의 서면 동의 없는 무단 전재 및 복제를 금합니다.
* 저자와의 협의에 따라 인지는 생략합니다.

ISBN 978-89-7954-678-1

이 도서의 국립중앙도서관 출판예정도서목록(CIP)은 서지정보유통지원시스템 홈페이지(http://seoji.nl.go.kr)와 국가자료공동목록시스템(http://www.nl.go.kr/kolisnet)에서 이용하실 수 있습니다. (CIP제어번호: CIP2017014086)